Herzenslicht und Sternenmut

Zauberhafte Geschichten voller Mut und Hoffnung

Von Stefanie Bewer

Buchbeschreibung:

Dieses Buch ist ein Geschenk an dein Herz.
Es enthält neun zauberhafte Mut-mach-Geschichten und inspirierende positive Gedanken, die dich sanft daran erinnern, wie stark und wundervoll du bist.
Begleite liebevolle, süße Helden auf ihrem Weg voller Vertrauen, Mut und Licht.
Und wenn du ganz Leise bist, hörst du die Sterne flüstern.

Dieses Buch widme ich dir, einer wundervollen Seele.

Mit Liebe geschrieben,
von Kinder und Jugendbuchautorin
Stefanie Bewer

Über den Autor:

Stefanie Bewer, in Berlin aufgewachsen, lebt dort mit ihrem Mann. Als Ghostwriterin und Autorin nutzt sie ihre 12-jährige spirituelle Erfahrung, um Kindern Mut, Glauben und die Magie des Lebens näherzubringen.

Herzenslicht und Sternenmut

Zauberhafte Geschichten voller Mut und Hoffnung

Von Stefanie Bewer

1. Auflage, 2025

Berlin

Verlag: BoD · Books on Demand GmbH,
Überseering 33, 22297 Hamburg, bod@bod.de
Druck: Libri Plureos GmbH,
Friedensallee 273, 22763 Hamburg
ISBN: 978-3-7693-2050-3

Inhaltsverzeichnis

1. Joel ist verliebt. Seite 7
2. Florian, der mutige Floh. Seite 13
3. Pünktchens großes Abenteuer. Seite 18
4. Benni der Bär und sein erster Schultag. Seite 25
5. Finn, der Gockelhahn und die Liebe. Seite 32
6. Noah, der Elefant hat Angst. Seite 37
7. Poppy und die traurige Raupe Nino. Seite 43
8. Der kleine Hase Ernie. Seite 49
9. Sunny und das Geheimnis der Berge. Seite 54
10. Die Kraft der positiven Gedanken. Seite 58

Genieße deine Reise, kleiner Engel!
Vergiss nie: Du bist wundervoll, und Träume sind grenzenlos.

Joel ist verliebt

Joel ist ein Schutzengel, doch immer, wenn er mit seiner besten Freundin Annabella zusammen ist, fühlt er sich merkwürdig. Ein seltsames Kribbeln breitet sich in seinem Bauch aus. Wenn er auf seine Freundin Amy trifft, die auf der Erde lebt, kribbelt es so ähnlich, nur schwächer. Joel weiß nicht, was dieses Gefühl bedeutet.

Am nächsten Tag setzt er sich auf eine Wiese, um nachzudenken. Da fliegt ein Schmetterling auf seine Schulter. Joel erzählt ihm von dem Gefühl in seinem Bauch. Er hört ein Kichern hinter sich, es ist Annabella. Er wird rot und würde sich am liebsten verstecken. Doch das seltsame Gefühl wird immer intensiver.

Es fühlt sich an, als tanzten Schmetterlinge in seinem Bauch. Joel springt auf, dreht sich um und sieht, wie der Schmetterling von seiner Schulter zu Annabella fliegt. Er läuft los, ohne zu wissen, wohin, Annabella ruft ihm hinterher.

Joel versteht nicht, was mit ihm los ist.

Ist er nicht gesund? Engel werden doch nicht geschwächt oder erkranken?

Er beschließt, zu Engel Michael zu fliegen, um ihm alles zu erzählen. Aber Michael versteht ihn nicht. „Du bist gesund“, beruhigt Michael ihn. Joel fühlt sich verwirrt. Was ist nur mit ihm los?

Er fliegt zu Amy auf die Erde, kann sie ihm helfen? Sie erzählt sofort von ihrem neuen Freund Eddi und von einem komischen Gefühl, das sie in ihrem Bauch hat. Joel merkt, dass sich sein Bauchgefühl verändert. Es tut weh, und er wird traurig. Er will Amy etwas sagen, doch er bleibt still.

Völlig verwirrt fliegt er zurück in den Himmel. Er setzt sich wieder auf die Wiese und fängt an zu weinen. Da legt Engel Michael eine Hand auf seine Schulter. „Was ist los?", fragt er.

„Ich habe das Gefühl, dass meine Gesundheit nicht in Ordnung ist", sagt Joel, „denn ich verstehe das alles nicht."

„Du bist nicht krank", sagt Michael. „Schau, in meiner Hand halte ich ein Herz. Das ist die Liebe. In meiner anderen Hand halte ich ein Feuer. Das ist Wut. Beides sind Gefühle, die zu uns gehören. Wenn wir jemanden lieben, kann es passieren, dass wir auch wütend werden."

„Also liebe ich Annabella und Amy?", fragt Joel. „Und weil Amy einen anderen Jungen hat, bin ich wütend?"

„Ja", sagt Michael. „Und das Gefühl, dem du mehr Aufmerksamkeit schenkst, wird stärker."

Joel denkt nach und sagt: „Wenn ich an Liebe denke, dann wird die Liebe stärker. Wenn ich an Wut denke, dann wird die Wut stärker. Jetzt verstehe ich es."

„Gedanken haben Macht, gib immer auf sie acht.“

Florian, der mutige Floh

Florian ist ein kleiner Floh, doch anders als seine Artgenossen. Um seinen Hals trägt er eine bunte Fliege, und am liebsten springt er auf den Seerosenblättern eines Waldteichs umher. Es braucht wenig, um ihn glücklich zu machen.

Doch eines Morgens ist alles anders. Florian erwacht und spürt ein Kribbeln in den Beinen, ein ungewohntes Gefühl, das ihn zu neuen Erfahrungen treibt.

Auf der anderen Seite des Teiches entdeckt er eine Gruppe Frösche. Aufgeregt hüpft er näher und sieht, wie sie versuchen, über einen hohen Felsen zu springen ... doch alle scheitern. Normalerweise hätte Florian sich nicht weiter darum gekümmert. Er ist ja selbst kein Frosch. Aber dieses Gefühl lässt ihn nicht los. Florian spürte, wie es in seinen Beinen kribbelte.

Er weiß, dass er gut springt, doch über einen hohen Felsen? Das hat er noch nie versucht. Florian nimmt all seinen Mut zusammen, spannt seine kräftigen Beine an und springt. Er springt hoch und landet auf der anderen Seite des Felsens.

Die Frösche klatschen begeistert und quaken wild durcheinander. Sie staunen nicht schlecht über seine außergewöhnliche Sprungtechnik. Und Florian? Er ist stolz wie nie zuvor.

Von diesem Tag an ist er nicht mehr zu bremsen. Er wagt immer größere Sprünge, entdeckt neue Orte und findet gute Freunde. Jeder Sprung bringt ihn weiter in eine Welt voller Abenteuer.

„Manchmal braucht es nur einen mutigen Sprung, um zu erkennen, wozu man fähig ist.“

Pünktchens großes Abenteuer

Papa Schwein läuft aufgeregt hin und her, es ist Sonntag früh und die Sonne geht gerade auf. Plötzlich hört er ein leises Quieken aus dem Stall, sofort läuft er hinein. Er traut seinen Augen kaum, als er sieben kleine Ferkel entdeckt. Quiekend rennen sie umher.

Doch da fragt Mama Schwein: „Wo ist Nummer acht?"

Alle schauen sich um, ein Rascheln kommt aus der hinteren Ecke. Papa Schwein läuft sofort hin und sieht eine rosa Nase aus dem Stroh kommen. Er schaut mit großen Augen, weil das Ferkelchen ganz anders aussieht als seine Geschwister. Gleich rennt es zu Mama Schwein, um sich zu verstecken.

Liebevoll nimmt sie das Kleine in ihre Hufe und sagt: „Du bist etwas ganz Besonderes mit deinen Punkten", und nennt es Pünktchen.

Pünktchen wartet nun jeden Morgen schon ungeduldig darauf, aus dem Stall auf die große grüne Wiese zu dürfen. Lilly, die Tochter von Bauer Klaus, kommt, um die Familie Schwein aus dem Stall zu lassen. Vergnügt hüpft Pünktchen los. Sie liebt die frische Morgenluft und streckt die Nase in die Luft. Schwupps setzt sich ein weißer Schmetterling auf ihre Nase.

Pünktchen fragt den Schmetterling neugierig: „Was machst du hier?"

Der Schmetterling antwortet: „Ach, ich fliege hier nur so herum", und fliegt davon.

Pünktchen ruft: „Warte auf mich“, und nimmt die Verfolgung auf „So warte doch auf mich!“, ruft Pünktchen wieder, doch der Schmetterling flattert davon.
Sie bleibt vor dem großen Zaun stehen und fragt sich: Was mache ich jetzt bloß? Da entdeckt Pünktchen ein Loch im Zaun. Schnell schlüpft sie hindurch und wetzt dem Schmetterling hinterher. Pünktchen stolpert und fällt auf ihre Nase.
Da hört sie eine sanfte Stimme. „Ist alles in Ordnung bei dir?“
„Wer ist da?“, fragt Pünktchen.
„Ich bin Herr Igel und du bist über mich gestolpert.“
„Oh, Entschuldigung, Herr Igel“, sagt Pünktchen, „bist du verletzt?“
Herr Igel antwortet: „Nein, bei mir ist alles in Ordnung.“
„Hast du vielleicht einen Schmetterling gesehen?“, fragt Pünktchen.
„Nein, ich habe keinen Schmetterling gesehen. Du kannst aber das Eichhörnchen fragen“, sagt Herr Igel.
„Wo ist das Eichhörnchen?“, fragt Pünktchen.
„Hier bin ich“, meldet sich das Eichhörnchen Puschelschwänzchen zu Wort, „und ich habe einen Schmetterling vorbeifliegen sehen. Er hatte es sehr eilig und wollte zur großen Blumenwiese.“
„Vielen Dank! Wo ist denn diese große Wiese?“, fragt Pünktchen.

Puschelschwänzchen antwortet: „Lauf einfach geradeaus, an der großen Gabelung biegst du rechts ab und da siehst du sie schon."

Pünktchen bedankt sich und rennt los. Herr Igel ruft hinterher: „Lauf vorsichtig! Nicht, dass du wieder stolperst", aber das hört Pünktchen schon nicht mehr.

Als sie an der großen Blumenwiese ankommt, staunt sie: So viele Schmetterlinge in allen Farben fliegen umher.

Pünktchen überlegt: Wie soll ich den Schmetterling nur finden?

Da setzt sich der weiße Schmetterling auf ihre Nase. Er fragt sie: „Was machst du hier?"

Sie antwortet: „Ich bin dir nachgelaufen."

Der Schmetterling erwidert: „Du bist aber mutig."

Sie sieht den Schmetterling an. „Warum bin ich mutig?", fragt sie.

„Du bist so einen weiten Weg gelaufen, um mich zu finden", sagt er.

Ängstlich schaut sie sich um.

Der Schmetterling sagt: „Komm, ich werde dich nach Hause bringen."

Gemeinsam machen sie sich auf den langen Weg. Pünktchens kurze Beine trappeln, so schnell sie können dem Schmetterling hinterher. Von Weitem sehen sie, dass alle aufgeregt auf dem Bauernhof herumlaufen.

„Sie suchen dich schon", sagt der Schmetterling.

Pünktchen rennt sofort los und fällt Papa Schwein atemlos in die Arme. Aufgeregt fragt Papa Schwein: „Wo warst du?“ Sie erzählt ihm die ganze Geschichte.
Papa Schwein schnauft und sagt: „Aber du darfst doch den Bauernhof nicht alleine verlassen.“
Mit Tränen in den Augen sagt Pünktchen: „Es tut mir leid, das wollte ich nicht.“
Da nimmt Papa Schwein Pünktchen ganz fest in seine Hufen und sagt: „Hab keine Angst, ich liebe dich!“

„Auch wenn der Weg manchmal schwierig ist: Der Mut, weiterzugehen, wird dich immer zurück zu den Menschen führen, die dich lieben.“

Benni der Bär und sein erster Schultag

In einem gemütlichen Baumhaus tief im Wald lebt Benni, ein kleiner Bär, der gerne lacht. Am liebsten spielt er Streiche. Nichts macht ihm mehr Spaß, als seine Freunde zum Lachen zu bringen.
Benni erwacht, als der erste Sonnenstrahl ihn an seiner Nase kitzelt. Schnell springt er aus seinem Bett.
Heute ist ein ganz besonderer Tag: Benni geht das erste Mal in die Waldschule.
Aber nicht nur Benni ist aufgeregt, sondern auch seine kleine Schwester Mia. „Guten Morgen, Benni!“, ruft Mia fröhlich. Sie würde gerne mit in die Waldschule gehen, nur Mia ist noch zu klein für die Schule. „Ich möchte alles über deinen ersten Schultag wissen. Du wirst bestimmt viele neue Freunde finden“, sagt Mia Benni lächelt und umarmt sie fest. „Wir werden die Kutsche verpassen!“, ruft Mama Bär.
Benni schnappt sich schnell seine Schultasche, und gemeinsam mit Mama Bär und Papa Bär eilt er zum Waldrand. Dort wartet schon eine wunderschöne Kutsche, gezogen von zwei anmutigen Rehen mit glänzendem Fell und großen, freundlichen Augen.
Die Bärenfamilie klettert hinein, und schon setzt sich die Kutsche in Bewegung. Die Räder knirschen leise auf dem Waldweg, während die Sonne durch die Bäume blinzelt. Vögel zwitschern, und ein Schmetterling tanzt neben ihnen durch die Luft.

Als sie dort ankommen, sind schon viele Tierkinder da.
Benni ist sehr aufgeregt, er guckt immer wieder nach rechts und nach links. Ob er seinen Freund Mika, das Eichhörnchen, sehen kann?
Plötzlich ist eine liebevolle Stimme zu vernehmen: „Guten Morgen, liebe Kinder! Ich bin Frau Eule und ich werde in diesem Jahr eure Lehrerin sein. Kommt rein und setzt euch. Herzlich willkommen."
Benni kann seinen Freund Mika nicht finden. Nervös klopft er mit der Tatze auf den Tisch.
„Hallo", sagt eine Stimme neben ihm, „darf ich mich zu dir setzen?"
Benni sieht neben sich eine kleine Maus. „Da sitzt schon mein Freund Mika", antwortet er leise, sodass die kleine Maus ihn kaum verstehen kann.
„Benni, Benni", ruft jemand von hinten. Er dreht sich um und sieht Mika, das Eichhörnchen, auf einem Baumstamm sitzen. Benni sagt: „Wo warst du? Ich habe dich überall gesucht?"
„Wir haben die Kutsche verpasst", sagt Mika.
„Komm, setz dich hin, der Unterricht geht gleich los", sagt Benni.
Aber die kleine Maus hat sich schon auf den freien Platz neben Benni gesetzt und schaut ihn traurig an. „Darf ich bei dir bleiben?", fragt sie mit zittriger Stimme.
Er lacht und sagt: „Ja, du darfst. Ich bin Benni. Und wer bist du?"

„Ich bin Molly“, sagt die kleine Maus.
Gespannt hören Molly und Benni Frau Eule zu, da flüstert er: „Ich habe eine lustige Idee.“
Benni kichert und schon klingelt die Pausenglocke. Schnell läuft er los, um eine Eichel zu holen. Er legt sie auf den Stuhl von Frau Eule und versteckt sich hinter der Tafel.
„Oh!“, ruft sie wenig später und lacht. „Wer hat mir denn hier einen Streich gespielt?“
Die Tierkinder lachen vergnügt, und Benni tritt vorsichtig hinter der Tafel hervor. „Ich war das, Frau Eule“, sagt er und lächelt dabei schelmisch.
„Du bist ein kleiner Schlingel“, sagt Frau Eule, mit einem Lächeln im Gesicht. „Du hast uns alle zum Lachen gebracht und das ist etwas Wundervolles.“
Am Ende des Tages sagt Frau Eule: „Ihr habt heute alle großartig mitgemacht. Ich freue mich auf morgen.“ Benni lächelt und winkt Frau Eule zu.
Er geht mit Mama Bär nach Hause und erzählt ihr von seinem aufregenden Tag. „Ich habe eine neue Freundin. Sie heißt Molly und ist eine kleine Maus. Wir hatten viel Spaß!“, berichtet er glücklich.

Mama Bär umarmt Benni fest. „Ich bin stolz auf dich, mein kleiner Bär. Aber denke immer daran, dass Streiche nur lustig sind, wenn niemandem wehgetan wird."
Mia springt schon aufgeregt hin und her. „Erzähl mir alles, Benni! Ich kann es kaum erwarten, in die Schule zu gehen."
Er nimmt seine kleine Schwester beiseite und erzählt ihr von seinem ersten aufregenden Schultag, was er alles erlebt hat. Beide schlafen zusammen glücklich ein. Sie träumen von neuen Streichen und wunderbaren Tagen, die noch kommen werden.

„Mutig ist, wer offen auf Neues zugeht, denn hinter jeder Begegnung steckt die Chance auf eine wunderbare Freundschaft."

Finn, der Gockelhahn und die Liebe

Ein kleiner Gockelhahn namens Finn lebt mit seiner ganzen Familie in einem kleinen Dorf. Finn liebt Bücher und träumt von der großen Liebe. So fragt er seine Mutter, ob sie ihm erklären könne, was Liebe ist. Sie lächelt und nimmt Finn fest unter ihre Fittiche. „Liebe ist ein Geschenk. Wenn du groß bist, wirst du die Liebe kennenlernen."

Egal, wen der kleine Gockelhahn nach Liebe fragt, nie bekommt er eine Antwort, die ihn zufriedenstellt. So überlegt er, dass doch die Oma wissen müsse, was die Liebe ist. Die Oma lächelt, als Finn die Frage stellt. Sie geht in den Stall und kommt mit einer kleinen Schachtel wieder zurück.

„Schau hinein und du wirst deine Antwort auf die Frage finden." Der kleine Gockelhahn öffnet vorsichtig die Schachtel. Er sieht darin einen Spiegel. Verdutzt schaut Finn seine Oma an.

Seine Oma sagt: „Schau hinein und du wirst die Liebe sehen, denn du trägst sie in dir selbst. Dein Herz strahlt in den schönsten Farben, und du darfst dich immer selbst lieben, und zwar genauso wie du bist."

„Jeder, der sich selbst liebt, strahlt dies aus und zieht andere an, die ihn lieben können. Die Liebe ist immer in dir, denk daran", sagt die Oma.

Von nun an sieht Finn die Welt anders. Er erkennt Liebe in den Gesten seiner Familie. Doch er sucht nach der besonderen Liebe aus seinen Büchern. So macht er sich auf die Reise.
Unterwegs trifft er eine weise Eule, ein fröhliches Eichhörnchen und ein sanftes Reh. Sie lehren ihn, dass Liebe Geduld, Freude und Loslassen bedeutet. Doch die große Liebe findet er nicht.
In einem fremden Dorf begegnet er der Henne Leni. Sie teilt seine Liebe zu Geschichten, und er spürt, wie sein Herz höher schlägt. Er erinnert sich an die Worte seiner Oma: Liebe beginnt in einem selbst und wächst, wenn man sie teilt.
Finn kehrt mit Leni zurück zu seinem Zuhause, umgeben von Familie, Freunden und vielen neuen Geschichten voller Wärme und Geborgenheit.

„Ein Licht in deinem Herzen.
Liebe fühlt sich warm an, wie eine kuschelige Decke an einem kalten Tag. Sie ist immer da. Auch wenn du sie nicht immer sehen kannst, spürst du ihren Zauber.“

Noah, der Elefant hat Angst

Noah fällt das Atmen schwer, seine Beine zittern und sein Rüssel fühlt sich kraftlos an. Er weiß, dass er nicht mehr lange durchhalten wird. Immer wieder denkt er an die Worte von seinem besten Freund Tom: „Du schaffst das, nur noch ein kleines Stück bis zum großen Ast, du schaffst das." Doch die Worte helfen Noah nicht, er hat keine Kraft mehr, rutscht den Baumstamm hinunter und plumpst auf den Waldboden.

„Schaut euch den Mehlsack an", hört Noah es hinter sich tuscheln.

„Zwei Millimeter höher als beim letzten Mal, Noah", ruft das freche Affenmädchen Susi so laut, dass jeder es hören kann. Die anderen Tierkinder fangen laut an zu lachen.

Noah setzt sich auf einen Stein und wischt sich die Tränen weg. Wie sehr wünschte er sich, dass sein bester Freund Tom jetzt bei ihm wäre.

Noah bemerkt nicht, wie die Lehrerin Frau Nashorn Susi ermahnt. Erst als die anderen laut applaudieren, schaut er hoch und sieht, dass Susi wieder einmal den großen Ast erreicht hat. Noah beißt sich auf seine Unterlippe, um nicht laut loszuweinen.

Er mag Kletterübungen auf Baumstämmen gar nicht, Sport ist nicht sein Lieblingsfach. Aber dafür kann er viel besser rechnen und schreiben als die anderen.

„Ich werde mich rächen“, sagt Noah leise, „Susi, mit ihren geschickten Kletterübungen und ihrer gemeinen Art mir gegenüber, hat es nicht anders verdient.“

Kaum hat Noah diesen Satz ausgesprochen, steht auch schon sein Freund Kim, die Schildkröte, vor ihm. „Nein, das wirst du nicht tun“, sagt Kim ruhig zu Noah.

Mit großen Augen schaut er ihn an. „Warum nicht? Susi macht sich immer über mich lustig.“

„Ich beobachte euch jeden Tag“, sagt Kim, „und ich verstehe euch beide. Susi ist gut im Klettern, aber in anderen Fächern ist sie das nicht. Sie ärgert dich, weil sie sich selbst unsicher fühlt.“

„Aber was kann ich tun, damit sie aufhört?“, fragt Noah.

„Nichts“, sagt Kim, „es wird nur schlimmer, wenn du sie auch ärgerst. Kannst du dich an unsere Übung gegen Angst erinnern?“

„Ja,“ sagt Noah, „ich atme tief ein und wieder aus und stelle mir eine große Lichtkugel um mich herum vor, die mit Licht und Liebe gefüllt ist.“

Am nächsten Morgen, als Noah zur Schule kommt, tuscheln und kichern Susi und ihre Freunde. Noah atmet tief ein und wieder aus, hebt stolz seinen Rüssel und sagt: „Weißt du, Susi, du bist gut im Klettern,
ich bin in Deutsch und Mathematik gut. Jeder hat seine Stärken.“ Stolz dreht sich Noah um und geht in sein Klassenzimmer.
Susi schaut zu Boden und alle schweigen. Und von diesem Tag an ärgern sie ihn nicht mehr.

„Jeder hat seine Stärken. Wahre Größe zeigt sich nicht im Vergleich, sondern im Mut, sich selbst treu zu bleiben.“

Poppy und die traurige Raupe Nino

Poppy ist eine kleine Fee, die stets fröhlich ist. Sie freut sich, jeden Tag etwas Neues zu entdecken. An einem warmen Frühlingstag flattert sie auf einer Lichtung mitten im Wald und sucht nach Waldbeeren. Sie hört ein Geräusch, das wie ein leises Schluchzen klingt. Poppy stellt ihren Korb ab und läuft ein paar Schritte. Da sieht sie eine Raupe mit einem Strohhut und einer Brille auf einem Baum sitzen, die bitterlich weint.
„Hallo, warum weinst du?“, fragt sie. Die Raupe verschluckt sich und sagt: „Oh, wo kommst du denn her? Bist du etwa eine Fee?“ Poppy lächelt die Raupe an. „Ja, ich bin eine Fee, mein Name ist Poppy.“„Es gibt euch wirklich und ihr könnt sprechen?“, fragt die Raupe erstaunt. „Ja, wenn auch leider nicht mehr viele, und wir sprechen, mit den Menschen, Tieren und sogar mit Pflanzen.“ „Ich habe noch nie eine Fee getroffen“, sagt die Raupe beeindruckt. „Oh, entschuldige bitte, mein Name ist Nino.“ „Freut mich, Nino, dich kennenzulernen. Magst du mir verraten, warum du so traurig bist?“„Schau mich an, ich bin eine Raupe mit einem Strohhut und einer großen Brille.“„Du bist was Besonderes“, sagt Poppy und lächelt. „Die Raupen aus meinem Dorf finden das nicht. Sie lachen über mich, weil ich anders bin und noch kein Schmetterling“, antwortet Nino betrübt. „Was soll´s, ich finde es nicht schlimm, dass du anders bist und keine von ihnen.“

Traurig schaut Nino Poppy an und sagt: „Ich habe alles versucht, aber es funktioniert nicht, ich werde einfach kein Schmetterling.“Schnell überlegt Poppy, wie sie ihm helfen könnte. Da kommt ihr auch schon eine Idee. „Komm, wir gehen jetzt zusammen zur großen Wiese und fragen die Schmetterlinge, was sie getan haben.“ Nino rutscht vom Baum herunter und kriecht gleich los. „Warte auf mich“, ruft Poppy und flattert hinterher. Als sie dort ankommen, staunt Nino und sagt: „So viele bunte leuchtende Schmetterlinge habe ich noch nie gesehen, aber wie sprechen wir jetzt mit ihnen?“ Poppy verdreht schelmisch die Augen und antwortet: „Du hast vergessen, dass ich mit Tieren reden kann.“ Nino ist aufgeregt und hüpft hin und her. Er lacht, so etwas hat noch keiner für ihn gemacht. Gespannt beobachtet Nino, wie sich Poppy mit einem Schmetterling unterhält. Er sieht Poppys nachdenkliches Gesicht und spürt, dass das Gespräch nicht so gut verläuft, und schaut traurig zu Boden. Poppy kommt zu ihm zurück und sagt: „Der Schmetterling hat so etwas noch nie gehört. Er erzählte mir, du sollst Vertrauen haben, eines Tages wirst du ein wunderschöner Schmetterling sein.“ Nino versucht, zu lächeln. Er bedankt sich bei Poppy und kriecht zurück zu seinem Baum. Poppy winkt ihm nach. Am nächsten Morgen öffnet Nino langsam die Augen. Irgendetwas fühlt sich anders an. „Was … ist mit mir passiert?“, flüstert er verwundert.

Ein Wunder ist geschehen.
Über Nacht hat sich Nino in einen wunderschönen, fröhlich flatternden Schmetterling verwandelt, mit leuchtend bunten Flügeln, die in der Morgensonne funkelten. Er spürte den Wind unter seinen Flügeln.
Da hörte er ein leises Kichern, „du siehst wundervoll aus“, rief Poppy lachend. Und so flogen sie gemeinsam los, der kleine bunte Schmetterling und die fröhliche Fee. Sie tanzten durch die Luft, drehten Kreise über die Wiesen, schwebten über die Blüten.
Die Welt war voller Farben und Düfte, alles fühlte sich leicht und magisch an.

„Manchmal, wenn das Herz ganz fest daran glaubt, werden Wünsche wahr.“

„Sei mutig, du kannst das.“

Der kleine Hase Ernie

Es war einmal ein kleiner Hase namens Ernie, den alle Tiere des Waldes nur „Einohr“ nannten. Sie hatten sich den Namen für ihn ausgedacht, weil er nur ein Ohr hatte. Ständig hänselten ihn seine Mitschüler, weil er nicht wie die anderen Hasen aussah. Um dem Spott der anderen zu entgehen, war Ernie meist allein unterwegs und erkundete den Wald.

Eines Tages hüpfte er traurig durch den Wald an einem kleinen Bach entlang, als er plötzlich die kleine Fee Lilie traf. Lilie fragte den kleinen Hasen: „Warum bist du allein und so traurig?“

Da antwortete Ernie: „Sieh mich doch an, ich habe nur ein Ohr, und alle nennen mich ‚Einohr‘.“

Lilie lachte und sagte: „Ich finde dich süß, mit deinem einen Ohr, und du siehst so kuschelig aus.“

Ernie schaute verdutzt und fragte: „Wie kannst du mich süß finden, wenn mich alle anderen hänseln?“

Da erklärte Lilie ihm: „Es kommt im Leben nicht darauf an, wie du aussiehst, sondern darauf, was du in deinem Herzen trägst.“

Ernie bedankte sich bei Lilie und hüpfte weiter. Plötzlich entdeckte er eine große Gruppe Tiere im Wald. Neugierig schlich er sich näher heran, um zu sehen, was los war.

Da erkannte ihn die große Muttereule und rief: „Einohr, komm bitte her! Mein kleines Eulenkind ist aus dem Nest gefallen und steckt nun in einem tiefen Loch fest. Alle anderen Tiere sind zu groß, um hineinzuklettern und es zu retten. Kannst du mir bitte helfen?“

Ohne zu zögern, krabbelte Ernie in das Loch. Vorsichtig packte er das Eulenkind mit seinen kleinen Zähnchen am Federkleid und zog es behutsam rückwärts aus dem Loch.

Als Ernie das Eulenkind sicher nach oben bugsiert hatte, jubelten und klatschten alle Tiere vor Freude.

Die Eulenmutter bedankte sich herzlich bei Ernie und lud ihn ein, mit ihren Kindern zu spielen.

Seit diesem Tag wurde Ernie nie wieder gehänselt. Alle Tiere hatten gelernt, dass auch Einohr große Dinge bewirken kann.

„Es kommt nicht darauf an, wie du aussiehst, sondern darauf, was du mit deinem Herzen bewirken kannst.“

Sunny und das Geheimnis der Berge

In einem kleinen Feendorf, umgeben von hohen Bergen, lebt die neugierige Fee Sunny. Sie träumt davon, die Berge zu erkunden, obwohl alle sagen, es sei zu gefährlich. Doch eines Tages packt sie entschlossen ihren Rucksack und fliegt los.
Schon bald erschweren ihr Felsen und verschlungene Pfade den Weg, doch Sunny gibt nicht auf. Mit Mut und Geschick meistert sie jede Herausforderung. Plötzlich entdeckt sie eine verborgene Höhle, in der eine silbrige Blüte schwebt. Eine ältere Fee erscheint und spricht: „Diese Blüte gehört dir, als Zeichen deines Mutes." Sunny bedankt sich und fliegt weiter.
Sie erklimmt die Bergspitze und als sie den letzten Schritt über den Bergkamm macht, bleibt sie staunend stehen: Hinter der Spitze erstreckt sich ein kristallklarer See, umgeben von bunten Wildblumen. In diesem Moment weiß sie: Das ist ihr magischer Ort. Glücklich kehrt sie nach Hause zurück und erzählt allen von ihrem Abenteuer. Die anderen Feenkinder bewundern sie. Von nun an ist Sunny ein großes Vorbild für alle, die ihre Träume verwirklichen wollen.

„Wenn du an deinen Traum glaubst und mutig den ersten Schritt machst, wirst du immer einen besonderen Ort finden."

Die Kraft der positiven
Gedanken.

Magische Affirmationen für kleine Herzen

1. Ich bin voller Liebe und Licht.

2. Ich glaube an Magie – sie lebt in mir!

3. Ich bin mutig wie ein kleiner Löwe!

4. Ich bin einzigartig, und das ist wunderbar!

5. Ich bin von Zauberwesen umgeben, die auf mich aufpassen.

6. Meine Fantasie ist grenzenlos – ich kann alles träumen!

Übung für dein Herz:

Schließe die Augen und stelle dir vor, du bist von einer großen Kugel aus Licht und Liebe umhüllt. Sie beschützt dich und gibt dir Liebe und Geborgenheit.
Du bist nicht allein.

Ein herzliches Dankeschön an alle kleinen und großen Herzen, die sich auf die Reise durch dieses Buch begeben haben. Möge es euch immer daran erinnern, wie viel Liebe, Mut und Magie in euch steckt. Ihr seid einzigartig, genauso wie die wunderbaren Geschichten, die wir miteinander teilen. Danke, dass ihr euren Weg mit mir geht und die Welt mit euren leuchtenden Herzen ein kleines Stück besser macht.

Licht und Liebe

Eure Stefanie